Seminario copto: Aughustinos Samaan

Dios la Palabra

Y creación

En patrología

una introducción

Todo lo que recibo de mí, lo deposito por
personas honestas que pueden enseñar a
(otros también (2 Timoteo 2: 2

El conocimiento de los padres y sus dichos
nos hace entender la Biblia como si la
escucháramos de Dios

Me elegí a sí mismo en esta búsqueda por
la gracia de Dios, Dios Verbo y la renovación
de la creación en

Enseñe a los padres hablando de sus dichos
sobre las dimensiones de restaurar todo en
Cristo, nuestro Dios, la Palabra, explicando
el concepto de cada uno y su resultado.

Contenido

Según San Atanasio, en respuesta a las afirmaciones de los
arrianos de que el Hijo no es el Creador:

Cuando dicen los santos que existieron antes de los siglos,
predican la eternidad y la inmortalidad del Hijo, y se
refieren a este Dios mismo para esos versículos, dice
(Isaías 40:28): "El Dios Eterno es el Creador de los bordes.
de la tierra." Y Susanna dijo: "Oh Dios eterno" (Daniel
(Susanah 42)) y confirma que (Heb 1: 3) "Quien (el Hijo) es
el resplandor de su gloria y la imagen de su esencia".

Sería una tontería dudar de la existencia del Hijo siempre
porque es el Creador de toda la creación))

Y Dios dijo en la boca de Salomón: "Antes que la tierra
fuera creada, antes que se hicieran los abismos, antes que
fluyeran las fuentes de agua, antes que se establecieran
los montes, y antes que todos los collados, me
engendraron" (Proverbios 8: 23-25)

El Padre creó por su palabra el Hijo toda la creación en el
Espíritu Santo

¿Cómo los separan y afirman que el hijo fue un momento en el que el reclamo no estaba presente? Esto no es lógicamente aceptable y tiene el carácter de politeísmo porque el hijo en sus mentes es un ser humano y no un dios o un dios promedio, y esto va en contra de nuestra verdadera enseñanza cristiana ortodoxa que hemos recibido.

Y lo que recibí de mí, lo deposité en personas honestas que son competentes para enseñar a otros, y en este trabajo trataremos la confirmación de la creación del Hijo para la creación, y por lo tanto existe antes de su existencia, y el Creador es con

El Hijo es lo eterno, porque el Hijo está en el Padre y el Hijo está en el Hijo, a través de los textos de los Padres.

Maestros que hicieron discípulos de todos los verdaderos cristianos en todo el mundo (1)

(1) San Atanasio el Apostólico - Dr. George Awad - segunda edición - noviembre de 2013, págs.72 y 73

El primero en usar el término recapitulación ανακεφαλαιωων, que significa la restauración y el consenso de todo basado en versos básicos.

Porque "no cometes adulterio, no matas, no robes", no des falso testimonio, no te deseas. (Rom.13: 9) Fuimos creados de nuevo con amor, y mediante el amor, puedes cumplir los mandamientos, entonces, ¿cómo puedes cometer adulterio con una mujer si solo te vengas de su esposo o no la respetas? o no te respetas ni te amas, y también el resto de los mandamientos

Asimismo también está escrito: "Adán, el primer hombre, llegó a ser alma viviente, y el postrer Adán llegó a ser espíritu viviente. Pero no lo espiritual primero sino el animal,

y luego lo espiritual. El primer hombre es de la tierra, terrenal. El segundo hombre, el Señor, es del cielo. Como él es terrenal, también lo son los terrenales. Y como es el celestial, así también son los celestiales. "(1 Corintios 15: 45-48)

Cristo nos hizo espirituales, así que renovó nuestra creación celestial para que cuando pecamos recurramos al cielo en busca de Dios el Creador. Esto sucedió en la encarnación de Dios el Verbo, Jesucristo. Una de las dos naturalezas es una humanidad completa y una teología .completa

Para organizar el cumplimiento de los tiempos, para reunir todo en Cristo, lo que está en los cielos y lo que está en la tierra, en ese

En quien también obtuvimos una herencia, predeterminada según la intención de quien hace todo ,según la opinión de su voluntad

Seamos para alabanza de su gloria, los que previamente hemos buscado en Cristo. (Efesios 1: 10-12) Dios nos reunió en Su persona, para que un nombre pudiera ser glorificado en nosotros (2) Así como el pecado entró en el

reino de muerte por la desobediencia de un hombre y por la obediencia de una persona, entró en la justicia y produjo los frutos de la vida en las personas que murieron antes, aunque el primer Adán fue traído de la tierra por medio de la Palabra de Dios Era necesario que la misma palabra de Dios regenerara a Adán con su nacimiento (similar a él]) 3

Lucas en (La genealogía de Cristo) implica que el Señor ha restaurado en su persona todas las naciones que fueron dispersadas desde Adán, pero todas las lenguas y todas las generaciones de personas, incluido el mismo Adán. Por eso Pablo llama a Adán "un ejemplo de la venida" (Romanos 5, 14) porque el Verbo es el Creador del universo. Todos ellos ya habían sido puestos como ejemplo en Adán para la gestión de la encarnación que fue el Salvador. a punto de completarse. Porque el Salvador estaba presente, el que quiere ser salvo también debe nacer para que la salvación no permanezca sin su razón de existir ((4) Dios Jesús favoreció al mundo entero por sí mismo en la Trinidad (2) H. Lasiat, Promoción de l'homme en Jesus - Irenee deLyon de Christ d'apre, Meme P. 283 (3) (Contra las herejías - San Ireneo (3:21:10

Como recordaba el padre de la tradición de la Iglesia, San Ireneo (La relación es tan estrecha entre el hombre y el Verbo encarnado que encontramos entre ellos una

Una especie de intercambio sobre el concepto de la totalidad de la imagen, de modo que el hombre fue creado a imagen de Dios, es decir, la imagen de la palabra, y la completa a su vez se encarnó en la imagen del ser humano en su conjunto, manifestándose él mismo la verdad de cómo el hombre creó a imagen de Dios, y este intercambio, que tiene sus raíces en la creación de Adán, sirve también para "restaurar todo en Cristo" en términos (de volver al original (5

Y san Ireneo fue el primero en introducir también el significado escatológico de restaurar todo empujando el

tiempo humano para encontrarse con el Señor del tiempo
.((6

Por el contrario, el príncipe del mal, Satanás también recogerá en él todo pecado y engaño, de modo que todo el poder de la apostasía recoja en él la matanza con él en el horno de fuego. Por tanto tiene derecho a referirse al nombre de la bestia con el número 666 porque recoge en sí mismo toda la mezcla de maldad que fue exacerbada por el tucán como consecuencia de la apostasía de los ángeles malvados, y se conjugará también en sí mismo. (todos los engaños de la idolatría después del Diluvio (7

De esta manera, completa los conceptos de restaurar todo con la dimensión formativa y moral y la dimensión salvífica completando la redención y la escatología al encontrarse con el Señor de la gloria en el Día del Juicio y esta es la historia de la salvación y en el centro de en estas tres dimensiones encontramos el significado del tiempo y la relación entre el tiempo de la historia humana y la (eternidad y la eternidad de Dios (8

- :La salvación del hombre se logra mediante -3

Creencia en Dios Padre

Creencia en el Hijo de Dios

Fe en el Espíritu Santo (9) Él cumple los mandamientos de Dios, el bautismo y las obras, y sobre todo, es sostenido por la gracia.

(4) (3: 22: 3 Contra las herejías - San Ireneo)
(5) B. Sesboue, Todo recapitulando en Cristo, Christolgie y soteriología de Irene de Lyeon, Jesús y JC. P.150')
(6) B. de Margrgerie: Santa Irenee, Exegete ecclesial de la recapitulation (Extracto cristocéntrico del Id Introducción a la historia de la exégesis. 1980

(7) (5: 29: 2 Contra las Herejías - San Ireneo -)
(8) (Contra las herejías - San Ireneo 5)
B. Sesboue, Todo para recapitular en Cristo, cristología y soteriología de Irenee de Lyon, p.171
(9 Misma fuente

4- Cómo obtenemos la nueva creación a través del bautismo y la Eucaristía: -

Cuando una persona pide la muerte voluntaria en el sacramento del bautismo, se reconcilia con la muerte (Romanos 6).

Recibieron el anticipo del Espíritu y con el nuevo nacimiento los creyentes recibieron el don del Espíritu Santo.

Una analogía con el aliento de vida. La Iglesia misma es un don de Dios. Lo hemos confiado como lo hizo al aliento

La vida es obra de la mano de Dios, por eso la meta es que todos los miembros la metabolicen, ellos viven en la iglesia

Se coloca en él la comunión con Cristo nuestro Dios y el Espíritu Santo nuestro Dios, y él es una señal de corrupción y él también

Confirma nuestra fe y es la escalera de la ascensión a Dios. Ahora estamos recibiendo cierta parte del Espíritu Santo .hacia la perfección

Y la voluntad de no corromper. El depósito que permanece en nosotros nos hace espirituales hasta ahora y lo mortal traga de

Él dice: "En cuanto a ustedes, no viven según la carne, sino según el espíritu, porque el Espíritu de Dios habita en ustedes" (Romanos 8

Esto no sucede cuando se desecha la carne, sino con . (9 : la comunión del alma mientras escribe a su propio pueblo

Una carne, pero tomaron el Espíritu de Dios, "al cual clamamos: Padre, Padre" (Romanos 8:15), y ahora que lo tenemos

El depósito y lloramos: Oh padre, padre, ¿cómo será nuestra condición cuando nos levantemos y lo veamos de ?cara al rostro de Dios y todo

Los miembros gritarán cánticos de regocijo y glorificarán a
Aquel que los levantó de entre los muertos y les dio vida
eterna.

Si el depósito es para recoger todo para él y hacerle decir:
"Abba, Padre, ¿entonces para qué obrará la gracia
perfecta?"

Al alma, ¿qué le dará Dios a los seres humanos? Los hará
como él y la voluntad de Dios se cumplirá, y hará

El hombre es imagen y semejanza de Dios, y es tomado
por el bautismo, trabajando hacia nuestra perfección y
preparándonos para la nada.

Corrupción cuando son capaces de expandirse y llevar a
Dios. Los creyentes no se convertirán espiritualmente a
partir de ahora.
Y rezan a Dios "el Padre del Padre" no rechazando el
cuerpo sino reviviendo el alma en el cuerpo. La perfección
estará en mi
El momento de resucitar es después de la muerte, porque
el alma revivirá completamente el cuerpo y se apoderará
del alma.
Para que el hombre pueda ver a Dios y su revelación en el
rostro de Dios a través de la plena gracia del espíritu,
puede ser
Ser imagen y semejanza de Dios. El fruto de este depósito
encontrado en el bautismo culmina en
La comunión y la vida en la muerte que comenzó en el
bautismo alcanza su clímax en una ofrenda

Nuestra muerte como sacrificio de comunión. (San Ignacio, obispo de Antioquía, citó de la descripción de Ireneo, "Yo Trigo para Cristo molí con los dientes de los animales depredadores hasta que se convirtieron en el pan puro de (Dios. (10

Ignacio de Antioquía, Rom. 4.1. citado por Ireneo, el marco eucarístico para comprender el martirio también se encuentra en El martirio de Plycap, donde la estructura de (la narrativa se asemeja mucho a la del último súper (10

La primera Eva y la segunda Eva (Nuestra Madre la ..4 - :(Virgen María

Como ya se ha señalado, la restauración de todo se realiza a través de una de las dimensiones, que es la dimensión

La segunda es salvífica y conduce a su vez a un consenso entre la ciencia de la protociencia (la ciencia de los orígenes

Humano), escatología (escatología) y antropología (la ciencia de la investigación sobre

El ser humano) a través de la Biblia donde la llamada divina al hombre encontrará una integración de vinculación

Nuestra madre la Virgen María en Eva, ¿cómo? Esto se evidencia en la mejilla interpretativa del santo

Ireneo, a través de la cantidad de versículos en los que el apóstol Pablo enfatiza la genealogía

Nuestro Dios, Jesús, desde el punto de vista humano, y que lo precedió en el sistema de creación, resurrección y de él.

Gálatas 4: 4) "Pero cuando vino la plenitud del tiempo, Dios envió a su Hijo, nacido de mujer, que nació Bajo la ley

Romanos 1: 3-4) "Por la autoridad de su hijo, quien llegó a ser descendiente de David en lo que a la carne se refiere, y lo llamó Hijo de Dios.

Con poder en términos del espíritu de santidad por la resurrección de entre los muertos".

Rom. 9: 5) "Tienen a los Padres, incluso a Cristo según la carne, que es Dios bendito sobre todos

Por siempre amén

En él se mencionan los descendientes de Cristo y el
regreso de Adán y Eva, y aquí no solo reside santa Irene

Sólo una extensión del paralelo paulino entre Cristo y ¿
?Adán? ¿No es una explicación de la Virgen

La nueva víspera: una provisión compartida de salvación
en realidad aclara la visión

Pauline se trata de reformular en Cristo y comprender el
papel de la humanidad renacida en

La gestión de la salvación y la comprensión de santa Irene
del papel de la humanidad renacida en la gestión

Salvación recurriendo a los capítulos de los Evangelios de
la infancia de nuestro Dios Jesús, que presentan a nuestra
.Madre, la Virgen

María, José, virgen y obediente, pero ilumina la enseñanza
paulina y el énfasis en María

Como razón de salvación como pasos para obtener la
salvación, Dios se unió a su divinidad

Dos cuerpos, incluido (11) y el abogado de Eva (12), y esto
se mostró en 65 pasajes de escritos

Irenes

Los pasajes en los que San Ireneo menciona a nuestra 5-
Madre la Virgen en sustitución de Eva: -
Quién escribió contra las herejías 13 y 4: 3 y 4 y 5 y 3: 5 y
4: 7 y 11 y 19 y 21 y 22 y 33 y 40 (13) en latín (14) en
lengua armenia

Por San Ireneo - Contra las Herejías - 3, 22 y 4 (11)
San Ireneo - Contra las herejías - 5 y 19-1 (12)
Traduscion, A. Riusseau, L.3: Sc210et 211 (1974), L.4: SC
100 (1965) etL.5: SC 152et 153 (1969) .Edition en un vol. A.
Rousseau, Irenee de Lyeon, Comtre les herejías, denuncia
y refutación de la gnose au nom menteuer, parís, le Cref,
13) 1984) (
Demonstration de la predication Apostolique, notas intr.
(Et par A. Rousseau, Sc, le Cref 1995 / (Cita: DA) (14

El primer Adán y el segundo Adán (Cristo Jesús nuestro 6..
Dios): -(

But St. Irenaeus remained silent about the role of Our
Mother Virgin Mary in the eschatology (end times).

About Luke-2 and 87, the BJ Minni group. Latin (17)
Fathers -15-year 1585
Acts of Saint Jerome - Amy Martin - Paris Auguste (18)
Derry - 1838 - Latin Fathers 23
Against the Heresies - Saint Irenaeus-5, 19 and 1 (19)

Cuando el apóstol Pablo afirma: "Cuando se cumplió el tiempo, Dios envió a su Hijo, nacido de una mujer recién nacida

Bajo la ley (Gálatas 4: 4), revela el nuevo estado de adopción, los que son redimidos de la ley.

Con el Hijo, San Ireneo preguntó por el nuevo nacimiento y afirmó el nacimiento de nuestro Señor Jesús

Físicamente, es una restauración del nacimiento de Adán.

En esto, el erudito Anises Jarasson dice: "Desde su nacimiento, desde el vientre de María, en ese nacimiento

Por ella se cumplieron Cristo y su misión. El Señor Jesús, hijo de María, devolvió la vida a la humanidad unida

En ella una estrecha unión en el vientre de María. "
(15)

Que una de las bendiciones de la encarnación es la
vida en Dios y la base para completar el proceso de
redención, y esto no se cuenta.

Es extraño porque nuestro Señor y Dios Jesús es el
hijo de David, el hijo de Adán y el hijo de Dios.

7- La contribución de nuestra Virgen Madre como
sierva de la salvación (la dimensión salvífica en la
renovación de la creación): -

A) Virgen obediente: -

La pureza de la Virgen María y su obediencia y
obediencia a Dios fueron algunas de las razones de
su elección como madre de Dios Palabra.

Porque así como por el acto de una virgen
desobediente, el hombre fue herido, cayó y murió, así
por el acto de la virgen que obedeció la palabra de
Dios, el hombre revivió y a lo largo de la vida, ganó la
vida y así ella se convirtió en la abogada de Eva (15)
El concepto mariano de San Ireneo, Doctor en
Teología, Lyon - Baki Lyon Press, mayo de 1932 - p.

89 (16) Contra las Herejías - San Ireneo 3, 9, 2: 3, 16 y 2 B) Vísceras inmaculadas que renacen los seres humanos en Dios: -

El depositario de la unión de la palabra de Dios ha unido por sí mismo un cuerpo vivo, que unió la naturaleza en una sola naturaleza.

Sin mezcla en él, la humanidad nació de nuevo y él sigue siendo el Dios poderoso que le dio a luz.

Sobre la descripción, San Ambrosio (17) encontró otro aspecto, que es que la Iglesia nació

Por parte de Cristo mientras sangraba en la cruz y entre Eva, quien nació de parte de Adán que durmió

Este pensamiento fue apoyado por San Jerónimo (18)

C) Nuestra Madre la Virgen María, Abogada de Eva: -

Como resultado de su maternidad, es llamada Madre
de Dios, no solo para Eva, sino para la humanidad
especialmente en la cruz.

(María participó en la provisión de la salvación por fe
y obediencia) y por esto fue llamada abogada de Eva

(Y porque dio a luz a Dios, trabaja para Eva (19)

8. La resurrección de Dios y la novedad de la
creación:

La desobediencia del primer Adán llevó al castigo, y
la obediencia del segundo Adán logró la justicia y la
misericordia juntas y fue reformada.

La creación, y Dios Verbo, preservó en sí mismo a los
que no pudieron salvarse, y estuvo ligado a san
Ireneo.

Entre las dos naturalezas de la palabra teológica y la
humanidad juntas, hay una fuerte respuesta a los
gnósticos y una similitud con él en que

Erudito Tertuliano (20)

Esto fue confirmado por el Papa Kyrollos, el pilar de
la religión (21).

San Gregorio el Teólogo

+ Cristo se levantó de entre los muertos, así que
levántate con él.

+ Cristo ha regresado y se ha establecido en su lugar,
así que regresa con él.

+ Cristo fue liberado de las ataduras del sepulcro, así
que tú te liberas de las ataduras del pecado.

+ Las puertas del infierno se han abierto y la muerte
se está desmoronando.

+ El viejo Adán se aparta y el nuevo vuelve a
nosotros.

+ Y si hay una nueva creación en Cristo, serás
renovado.

+ La Pascua la Pascua del Señor. Esta es la fiesta de
las fiestas y la temporada de las estaciones, porque
está por encima de todas las fiestas y reuniones, y se
prefiere a todas las demás fiestas, como es el sol
sobre otros planetas. Hoy celebramos la
Resurrección misma, que ya no es esperanza y
esperanza, sino una realidad viva y una alegría
constante en nuestra victoria sobre la muerte. Incluía
el mundo entero

Tertullien, Contre les Valentinies, I, ed.J.Cl.
Fredeouille, Sc280, parís 1980 (20) Adopción plutot
que divisinsation, terme que Cyrille, a la difference
d'Athanase, n'aime gure Employer, et qu'Irenee
'n'emploie pas non plus. (21

+ Y cuando Cristo ascienda a los cielos, entonces asciende con Él y estarás con los ángeles. Ayudando a levantar las puertas para recibir con bondad al que viene del dolor.

+ Y responda a quienes preguntan: "¿Quién es este Rey de gloria?" Responde que él es el Señor Dios, Rey de gloria, y "Él es el Señor fuerte y poderoso".

+ Oh, elevador, si alcanzamos merecidamente la meta deseada y somos aceptados en los recuerdos celestiales, te ofreceremos con la exactitud de la determinación sacrificios aceptables para tu santo altar.

Oh Padre, Hijo y Espíritu Santo,

+ Porque es tuyo que toda la gloria, el honor y la autoridad se perpetúen para siempre.

San Policarpo, obispo de Izmir

+ En uno de los sermones de San Policarpo, obispo de Izmir (siglo II), se afirmó sobre la creencia en la Resurrección de Cristo y su resultado en la vida y el comportamiento del creyente:

Aprieta a tus amigos y teme a Dios con temor y verdad, dejando a un lado la charla vacía del chisme y el engaño de las naciones, consolidando la fe en aquellos que resucitaron a nuestro Señor de la muerte, le dieron gloria y le dieron un trono a su derecha. "Él subyuga todo lo que está en el cielo y en la tierra", y todos en él le dan el aliento de vida. Y cuando venga a "juzgar a vivos y muertos", quien se niegue a creer en él será juzgado por su sangre.

"El que lo resucitó de la muerte" también nos
resucitará con él si obedecemos su voluntad,
seguimos la senda de sus mandamientos, amamos lo
que ama y nos dejamos a todos la ofensa, la codicia,
el chisme y el falso testimonio, y sobre el amor de
dinero excesivo evitando confrontar el mal con el mal,
insultos, y un golpe con un golpe, y una maldición con
una maldición, citando una enseñanza Quien dijo:
"No seas juzgado, para que no seas juzgado,
perdona, te sea perdonado, ten piedad y has
misericordia. Por la medida que confíes, te serán
confiados. Bienaventurados los pobres y los
perseguidos por causa de la justicia, porque ellos
tienen el reino de Dios ". (22)

San Agustín: -

Nuestro Señor nos ha concedido Su muerte singular
(es decir, la muerte de su cuerpo sin su propia

muerte, porque su divinidad no dejó su cuerpo ni su alma, sino que el alma dejó el cuerpo y se convirtió en el cuerpo muerto) Esto sucedió en cambio por nuestra doble muerte para concedernos una doble resurrección ...

(Un secreto

(B) Un ejemplo, para su única resurrección.

+ El Señor nunca pecó, ni fue malo, lo que significa que no murió en el espíritu hasta que necesitó renovar el hombre interior pidiendo una vida de justicia con arrepentimiento. Más bien, como estaba envuelto en un cuerpo mortal, murió solo en el cuerpo (sin morir una muerte espiritual) y por él también resucitó y en su resurrección singular y nos dio nuestra doble resurrección (es decir, resurrección) Nuestras almas de su muerte y la resurrección de nuestros cuerpos de su muerte, como por su resurrección:

(A) Hizo un secreto sobre nuestro ser interior.

(B) Dio un ejemplo con ella con respecto a nuestra persona externa. Individual

Porque su cadáver resucitó, pero su alma nunca murió porque no hay maldad en él. Por lo tanto, no necesitaba reconciliación ni resurrección. Más bien, lo que sucedió en la resurrección es que el alma viviente regresó a su cuerpo que murió al separar el alma de él y su resurrección se hizo singular, pero necesitamos una resurrección del alma muerta y una resurrección Carne (23)

(22) http://www.coptology.com/Spirit/FR_Says_Easter2007.html

\ http: //www.avamena.com/vb/t5570.html (23)

Conclusión

Del texto bíblico de la Biblia y de los dichos de los padres recibidos, entendemos claramente las tres dimensiones de la creación.

Es la primera creación el día en que se creó el universo, luego Adán y Eva después.

Renovación de la creación en la Encarnación, Redención y Resurrección

La otra dimensión es la comprensión constante de Dios cuando estamos con él, y él nos dice: "34 Entonces

El rey dice a los de su diestra: Venid, Padre Bendito, heredad el reino preparado para vosotros.

Desde la fundación del mundo.

35 Porque tenía hambre y me diste de comer. Tenía sed y me diste suficiente. Eras un extraño, así que me cuidaste.

36 Te vestiste desnudo. Estás enfermo y me ganas.
Encerrado, viniste a mí.

37 Entonces los justos le responderán en ese
momento, diciendo: Señor, cuando te veamos
hambriento, te daremos de comer o

¿Sediento y abucheado?

38 ¿Y cuándo te vimos forastero, y en ti, o desnudo, y te vestimos?

39 ¿Y cuándo te vimos enfermo o preso, y fuimos a verte?

40 Entonces el rey les responderá y les dirá: En verdad os digo: Lo que le hicisteis a uno de mis hermanos: 34 - Estos menores: (34)

Por la intercesión de la sangre de nuestro Señor y Dios Jesús, la Madre de la Luz, María, y todas las filas de ángeles y santos, Amén.

Fuente: La Biblia

Referencias

San Atanasio el Apostólico - Dr. George Awad - segunda edición - noviembre de 2013

H. Bassiat, Promotion de l'homme en Jesus - Irenee de Lyon de Christ d'apre

Contra las herejías - San Ireneo

B. Sesboue, Tout recapituler dans le Christ, Christolgie et soteriologie d'Irene 'de Lyeon, Jesus et JC

B. de Margrgerie: Santa Irenee, Exegete ecclesial de la recapitulation Christocentrique extrait de Id Introducción a l'histoire de l'exegese

Ignatius of Antioch, Rom. 4.1. cited by Irenaeus,
Eucharistic framework for understanding martyrdom is
also in The Martyrdom of Plycap, Where the structure
of the narrative closely parallels that of the last super

Traduscion, A. Reusseau, L.3: Sc210et 211 (1974),
L.4: SC 100 (1965) etL.5: SC 152et 153 (1969).
Edition en un vol.A.Rousseau, Irenee de Lyeon,
Comtre les heresies, denunciation et refutation de la
gnose au nom menteuer paris le Cref, 1984

Demonstration de la predication Apostolique, intr.et
notes par A. Rousseau, Sc, le Cref 1995 / (Cite: DA)

The Concept of Mary in Saint Irenaeus Doctor of
Theology Lyon - Bucky Lyon Press May 1932-p.89

About Luke-2 and 87, the BJ Minnie group. The Latin
Fathers -15-year 1585

The Works of Saint Jerome - L Amy Martin - Paris
Auguste Derry - 1838 - Latin Fathers 23

Tertullien, Contre les Valentinies, I, ed.J.Cl.
Fredeouille, Sc280, paris 1980

 Adoption plutot que divisinsation, terme que Cyrille, a
la difference d'Athanase, n'aime gure employer, et
qu'Irenee 'n'emploie pas non plus. (21)

(22)
http://www.coptology.com/Spirit/FR_Says_Easter200
7.html

http://www.avamena.com/vb/t5570.html (23)